AF250391

DISCOURS

DE

M. GAMBETTA

PRONONCÉ

A BORDEAUX

LE 26 JUIN 1871

PARIS

E. LACHAUD, ÉDITEUR

4, PLACE DU THÉATRE-FRANÇAIS, 4

1871

DISCOURS

DE

M. GAMBETTA

MESSIEURS ET CHERS CONCITOYENS,

Je n'ai pas voulu remettre le pied sur le sol d'où j'étais parti, après les fatigues que vous savez ; je n'ai pas voulu rentrer en France pour y prendre ma part de responsabilité et d'efforts dans les travaux du parti républicain, sans m'arrêter à Bordeaux.

Je devais vous exprimer, à vous qui représentez l'union faite dans le parti républicain, tout ce que, de loin comme de près, je vous garde de sympathie et de reconnaissance pour les sentiments que vous m'avez toujours témoignés, et aussi, pourquoi ne le dirais-je pas ? j'ai voulu, à propos des élections, à propos de la situation si grave où se trouve le pays, vous dire, sans aucune arrière-pensée personnelle, puisque je ne suis pas candidat dans ce département, ce que j'espère, ce que je désirerais accomplir.

(Ici l'oratenr est interrompu par les applaudissements ; il reprend :)

N'applaudissez pas, Messieurs ! L'heure est beaucoup trop solennelle pour que nous ayons, les uns et les autres, d'autres paroles que celles de l'estime et de la confiance réciproques. (Très-bien !)

La situation actuelle de la France, quand on l'examine de très-près, quand on est animé, pour cet examen, de la passion de la justice et de la vérité, c'est-à-dire que l'on a, pour se garantir des illusions du cœur, les règles de la raison, est bien faite pour nous inspirer les plus profondes tristesses, mais nous invite aux mesures les plus viriles et nous interdit le découragement ; étudions-la, et nous arriverons à cette conclusion que si le parti républicain veut, il peut, et que s'il sait, il parviendra à régénérer ce pays et à y fonder un gouvernement libre, à l'abri des surprises, des réactions et des défaillances.

C'est cette démonstration qu'il est utile de faire aujourd'hui, et qu'il importe surtout de faire en face des compétitions des partis monarchiques, non-seulement pour amener le triomphe des principes auxquels nous sommes attachés, mais surtout il ne faut pas cesser une minute de le répéter pour donner à la France son salut.

A l'heure où nous sommes, que voit-on dans le pays ? On voit les hommes qui, dans tous les temps, ont médit de la démocratie, qui l'ont eue en haine ou par ignorance ou par intérêt personnel, exploiter à leur profit la crédulité et la panique, défigurer systématiquement les hommes et les choses, et s'efforcer d'attribuer les excès des derniers mois à la République, à laquelle ils doivent cependant de n'avoir pas été emportés.

Et je trouve qu'il y a entre la situation actuelle et la situalion qui se déroulait au mois de mai 1870 une analogie pleine d'enseignements.

Au mois de mai 1870, la France a été interrogée ; vous savez par qui et comment. Mais il n'en est pas moins vrai qu'elle était investie du droit de prononcer sur ses destinées. A l'aide de la coalition de toutes les peurs, surexcitée par une presse stipendiée, à l'aide de la coalition des intérêts les plus bas — intérêts dynastiques, intérêts de parasites — on a surpris la France, on a surpris son vote ; mais elle n'en a pas moins prononcé son arrêt, et, avec une rapidité foudroyante, trois mois après, l'arrêt s'accomplissait, et elle était punie, châtiée au delà de toute justice, pour s'être abandonnée aux mains criminelles d'un empereur.

On lui pose aujourd'hui, sous des noms divers, la même question : veut-elle, une fois encore, abdiquer et verser dans l'ornière des dynasties ?

De quelque nom qu'on déguise les choses, vous le voyez, c'est toujours la question de savoir si la France veut se gouverner librement, ou si elle veut se livrer, et si la terrible expérience d'où elle est sortie saignante et mutilée lui a enfin appris à se conduire seule et par elle-même.

Chose consolante, malgré les excès qui ont été commis, et les crimes qui ont marqué la chute de la Commune à Paris, malgré le courant de calomnies qui avait été déchaîné contre le parti républicain, en pleine guerre civile le pays a conservé son sang-froid ; les élections municipales ont attesté qu'au lendemain de cette effroyable crise, le pays ne se laissait pas aller à la réaction. Il y a là une espérance qui doit nous inspirer la patience et la sagesse dans l'action politique. Je crois que grâce à l'union faite entre les diverses nuances de l'opinion républicaine, nous pouvons donner à la France le spectacle d'un parti discipliné, ferme en ses principes, laborieux, vigilant et résolu à tout pour arriver à convaincre la France de ses facultés gouvernementales. En un mot, un parti acceptant la formule : Le pouvoir au plus sage et au plus digne.

Il faut donc être les plus sages. Eh bien ! cela ne nous coûtera pas, par cette excellente raison qu'il n'y a de politique vraiment sage, vraiment féconde, que celle du parti républicain. (Très-bien !)

Il faut ne nous laisser détourner du droit chemin ni par les calomnies ni par les injures ; et j'ai la conviction que si nous voulons tenir bon et rester au poste, si nous voulons incessamment, sur toutes les questions posées, produire les solutions républicaines, nous arriverons à démontrer bientôt, par voie de comparaison et de contradiction, aux prétentieux qui nous dédaignent ou nous ignorent, que nous valons mieux que les injures, que nous sommes un parti de gouvernement capable de diriger les affaires, le parti de l'intelligence et de la raison, et que c'est parmi les hommes se réclamant de nos principes qu'on trouvera vraiment les garanties de science, de désintéressement et d'ordre, sans lesquelles un gouvernement n'est qu'une affaire au profit de quelques-uns.

Il faut donc maintenir et appuyer notre gouvernement, la République, en fait et en droit. Sans discuter sur les nuances puériles, permettez-moi de vous dire qu'un gouvernement au nom duquel on fait des lois, on fait la paix, on lève des milliards, on rend la justice, on dompte des émeutes qui auraient suffi à emporter dix monarchies, est un gouvernement établi et légitime, qui prouve sa force et son droit par ses actes mêmes. Ce gouvernement s'impose au respect de tous, et quiconque le menace est un factieux. (Bravo ! bravo !)

Aux plus sages ! aux plus dignes ! Parfaitement ! C'est une gageure qu'on doit accepter. Ce n'est pas une formule nouvelle pour des républicains ; c'est leur dogme, de ne voir attribuer les fonctions publiques qu'au mérite et à la vertu. C'est à ce respect du mérite et de la moralité que nous avons vainement rappelé l'Empire ; c'était même parce que la morale s'oppose à toute transaction avec un pouvoir fondé sur le crime et maintenu par la corruption, que notre opposition était alors irréconciliable et révolutionnaire.

Aujourd'hui, l'opposition, sous le gouvernement républicain, change de caractère et modifie sa nature et ses plans de conduite ; elle doit presser et contrôler, et non détruire. Oui, nous serons respectueux de votre autorité, respectueux de votre légalité, respectueux de vos choix, mais nous n'abandonnerons pas le droit de critique et de réforme ; et, comme nous n'avons jamais demandé de faveurs à personne, nous laisserons le suffrage universel prononcer entre ceux qui nous dédaignent et ceux qui ont eu la patience et la constance de lutter pour la République et la liberté. (Vifs applaudissements.)

Cette conception du rôle de l'opposition sous la République tient à des différences d'âge et de temps. Il est certain que l'âge, je dirai héroïque, chevaleresque du parti, est passé depuis la réalisation d'une partie de ses espérances. Et nous avons, aujourd'hui qu'il s'agit de développer l'application de nos principes, le devoir d'être aussi froids, aussi patients, aussi mesurés, aussi habiles, que nous avons été enthousiastes, véhéments, alors qu'il s'agissait de rejeter dans le néant les contrefaçons du Bas-Empire. (Très-bien ! très-bien !)

Oui, sous un gouvernement qui, pour maintenir l'ordre, a été obligé de se réclamer de la légalité de la République, il faut savoir patienter, s'attacher à une chose ; il faut que cette chose soit immédiatement réalisable, et se tenir à elle jusqu'à ce qu'elle soit réalisée.

Et, Messieurs, permettez-moi de vous le dire, plus nous spécialiserons, plus nous centraliserons nos efforts sur un point donné, plus promptement nous susciterons des auxiliaires dévoués dans les rangs du suffrage universel, qui prononce en dernier lieu, et plus nous abrégerons les délais qui nous séparent du succès. L'unité, la simplicité du but, tel doit être le mot d'ordre ; mais il ne suffit pas d'avoir le ferme propos de faire du parti républicain un parti à la fois de principes et pratique, un parti de gouvernement ; il faut à ce parti un programme net, précis, ennemi des utopies, ennemi des chimères ; surtout il ne faut se laisser détourner par rien de sa réalisation, et ne jamais se rebuter ni se lasser dans la lutte entreprise pour refaire le pays, refaire ses mœurs, et, en le ravissant aux intrigants, l'empêcher d'être constamment ballotté entre le despotisme et l'émeute provoquée. Il faut faire disparaître le mal, cause de tous les maux : l'ignorance, d'où sortent alternativement le despotisme et la démagogie. Pour combattre ce mal, de tous les remèdes qui peuvent solliciter l'attention des hommes politiques, il en est un qui les domine et les résume tous : c'est l'éducation de tous. Il faut savoir à l'aide de quelles mesures, de quels procédés, au lendemain de nos désastres, qui sont imputables non-seulement au gouvernement que nous avons subi, mais encore à la dégénérescence de l'esprit public, nous pourrons nous garantir des chutes, des surprises, des erreurs, des infériorités qui nous ont tant coûté. Étudions nos malheurs, remontons aux causes, à la première de toutes : nous nous sommes laissé distancer par d'autres peuples, moins bien doués que nous-mêmes, mais qui ont marché pendant que nous restions stationnaires.

Oui, on peut établir, preuves en main, que c'est l'infériorité de notre éducation nationale qui nous a conduits aux revers. Nous avons été battus par des adversaires qui avaient mis de leur côté la prévoyance, la discipline et la science : ce qui prouve, en dernière analyse, que même dans les conflits de la force matérielle, c'est l'intelligence qui reste maîtresse. Et à l'intérieur, n'est-ce pas l'ignorance dans laquelle on a laissé croupir les masses qui engendre, presque à époque fixe, ces crises, ces explosions effroyables qui apparaissent dans le cours dc notre histoire comme une sorte de mal chronique, à ce point qu'on pourrait annoncer à l'avance l'arrivée de ces vastes tempêtes sociales?

« Oh ! il faut nous débarrasser du passé. Il faut refaire la France. » Hélas ! tel fut le cri qui, au lendemain de nos désastres, est sorti de toutes les poitrines. Pendant trois mois on a entendu ce cri sacré, illumination subite d'un peuple qui ne voulait pas périr. Ce cri, on ne l'entend plus. On n'entend plus parler aujourd'hui que de complots et d'intrigues dynastiques ; il n'est plus question que dé savoir quel prétendant s'attribuera les débris de la patrie en péril. Il faut que cela cesse ; il faut écarter résolument ces scandaleuses convoitises et ne plus penser qu'à la France. Il faut se retourner vers les ignorants et les déshérités, et faire du suffrage universel, qui est la force par le nombre, le pouvoir éclairé par la raison. Il faut achever la Révolution.

Oui, quelque calomniés que soient aujourd'hui les hommes et les principes de la Révolution française, nous devons hautement les revendiquer, poursuivre notre œuvre, qui ne sera terminée que lorsque la Révolution sera accomplie (Applaudissements.) ; mais j'entends, Messieurs, par ce mot : la Révolution, la diffusion des principes de justice et de raison qui l'inspiraient et je repousse de toutes mes forces l'assimilation perfide, calculée de nos adversaires avec les entreprises de la violence. La Révolution a voulu garantir à tous la justice, l'égalité, la liberté ; elle proclamait le règne du travail, et voulait en assurer à tous les légitimes fruits ; mais elle a subi des retards, presque des éclipses. Les conquêtes matérielles nous sont restées en partie, mais les conséquences morales et politiques sont encore à venir pour les plus nombreux : les ouvriers et les paysans ; ces derniers, surtout, n'en ont retiré que des bénéfices matériels, précieux assurément, dignes de tous nos respects et de toute notre sollicitude, mais insuffisants toutefois à en faire de libres et complets citoyens.

Aussi, rien de plus logique, de plus naturel que les votes et les actes des paysans dont on se plaint quelquefois, sans vouloir tenir compte de l'état d'infériorité intellectuelle où la société les maintient. Ces plaintes sont injustes, elles sont mal fondées, elles se retournent contre ceux qui les profèrent; elles sont le fait de l'organisation d'une société imprévoyante. Les paysans sont intellectuellement en arrière de quelques siècles sur la partie éclairée du pays. Oui, la distance est énorme, entre eux et nous qui avons reçu l'éducation classique et scientifique, même imparfaite, de nos jours; qui avons appris à lire dans notre histoire ; nous qui parlons nôtre langue, tandis que, chose cruelle à dire, tant de nos compatriotes ne font encore que la balbutier Ah ! ce paysan voué au travail de la terre, qui porte si courageusement le poids du jour, sans autre consolation que de laisser à ses enfants le champ paternel allongé d'un arpent, toutes ses passions, ses joies, ses craintes sont concentrées sur le sort de ce patrimoine. Il ne perçoit du monde extérieur, de la société où il vit, que des rumeurs, des légendes; il est la proie des trompeurs et des habiles; il frappe sans le savoir le sein de la Révolution sa bienfaitrice ; il donne loyalement son impôt et son sang à une société pour laquelle il éprouve autant de crainte que de respect. Mais là se borne son rôle, et si vous lui parlez principe, il ignore, et naturellement il vous répond intérêt! C'est justice ! C'est donc aux paysans qu'il faut s'adresser sans relâche, c'est eux qu'il faut relever et instruire. Les mots, que les partis ont échangés, de *ruralité*, de Chambre *rurale*, il faut les relever et ne pas en faire une injure.

Ah ! il faudrait désirer qu'il y eût une Chambre rurale dans le sens profond et vrai de ce mot, car ce n'est pas avec des hobereaux que l'on fait une Chambre rurale, c'est avec des paysans éclairés et libres, aptes à se représenter eux-mêmes ; et alors, au lieu d'être une raillerie, cette qualification de Chambre rurale serait un hommage rendu aux progrès de la civilisation dans les masses. Cette nouvelle force sociale serait utilisée pour le bonheur général. Malheureusement, nous n'en sommes pas là, et ce progrès nous sera refusé aussi longtemps que la démocratie française ne sera pas arrivée à démontrer, à démontrer jusqu'à l'évidence, que l'intérêt vital des classes supérieures, si l'on veut refaire la patrie, si on veut lui rendre sa grandeur, sa puissance et son génie, c'est précisément d'élever, d'émanciper au moral ce peuple de travailleurs qui tient en réserve une séve encore vierge et des trésors inépuisables d'activité et d'aptitudes. Il faut apprendre et enseigner aux paysans ce qu'ils doivent à la société et ce qu'ils peuvent exiger d'elle. (Applaudissements.)

Le jour où il sera bien entendu que nous n'avons pas d'œuvre plus grande et plus pressante à faire, que nous devons laisser de côté, ajourner toutes les autres réformes, que nous n'avons qu'une tâche, instruire le peuple, répandre l'éducation et la science à flots, ce jour, une grande étape sera marquée vers notre régénération; mais il faut que notre action soit double, qu'elle porte sur le développement de l'esprit et du corps; il faut, selon une exacte définition, que dans chaque homme elle nous donne une intelligence réellement servie par des organes. Je ne veux pas seulement que cet homme pense, lise et raisonne, je veux qu'il puisse agir et combattre. Il faut mettre partout, à côté de l'instituteur, le gymnaste et le militaire, afin que nos enfants, nos soldats, nos concitoyens, soient tous aptes à tenir une épée, à manier un fusil, à faire de longues marches, à passer les nuits à la belle étoile, à supporter vaillamment toutes les épreuves pour la patrie. (Mouvement.) Il faut pousser de front ces deux éducations, car autrement vous ferez une œuvre de lettrés, vous ne ferez pas une œuvre de patriotes.

Oui, messieurs, si l'on nous a devancés, oui, si nous avons subi cette suprême injure de voir la France de Kléber et de Hoche perdre ses deux plus patriotiques provinces, celles qui contenaient à la fois le plus d'esprit militaire, commercial, industriel, démocratique, nous ne devons en accuser que notre infériorité physique et morale. Aujourd'hui, l'intérêt de la patrie nous commande de ne pas prononcer de mots imprudents, de clore nos lèvres et de refouler au fond du cœur nos ressentiments, de reprendre à pied-d'œuvre ce grand ouvrage de la régénération nationale, d'y mettre tout le temps nécessaire, afin de faire œuvre qui dure. S'il faut dix ans, s'il faut vingt ans, il faudra mettre les dix années, les vingt années; mais il faut commencer tout de suite; il faut que chaque année on voie s'avancer dans la vie une génération nouvelle, forte, intelligente, aussi amoureuse de la science que de la patrie, ayant au cœur ce double sentiment qu'on ne sert bien son pays qu'en le servant de son bras et de sa raison.

Nous avons été élevés à une rude école; nous devons, si cela est possible, nous guérir du mal vaniteux qui nous a causé tant de désastres.

Nous devons prendre aussi conscience de ce qui nous revient à tous de responsabilité, et, voyant le remède, nous devons tout sacrifier à ce but immédiat : nous refaire, nous reconstituer; et pour cela, rien, rien ne doit nous coûter; nous ne produirons aucune réclamation avant celle-là : l'éducation la plus complète de la base au sommet des connaissances humaines.

Naturellement, il faut que ce soit le mérite reconnu, l'aptitude révélée, éprouvée, qui monte cette échelle ; des juges intègres et impartiaux, choisis librement par leurs concitoyens, en décideront publiquement, de telle sorte que le mérite seul ouvrira les portes. Rejetons comme les auteurs néfastes de tous nos maux ceux qui ont mis la parole à la place de l'action, tous ceux qui ont mis le favoritisme à la place du mérite, tous ceux qui se sont fait du métier des armes non un moyen de protéger la France, mais un moyen de servir les caprices du maître et quelquefois de se faire les complices de ses crimes. (Applaudissements.)

En un mot, rentrons dans la vérité, et que, pour tout le

monde, il soit bien entendu que lorsqu'en France un citoyen est né, il est né un soldat ; et que quiconque se dérobe à ce double devoir d'instruction civile et militaire, soit impitoyablement privé de ses droits de citoyen et d'électeur. Faisons entrer dans l'âme des générations actuelles et de celles qui vont naître la pensée que quiconque, dans une société démocratique, n'est pas apte à prendre sa part de ses douleurs et de ses épreuves, n'est pas digne de prendre part à son gouvernement. (Applaudissements.)

Par là, messieurs, je le répète, vous rentrez dans la vérité des principes démocratiques, qui est d'honorer le travail, qui est de faire du travail et de la science les deux éléments constitutifs de toute société libre. Ah ! quelle nation on ferait avec une telle discipline, religieusement suivie pendant des années, avec les admirables aptitudes de notre race à produire des penseurs, des savants, des héros et de libres esprits ! C'est en pensant à ce grand sujet qu'on s'élève vite au-dessus des tristesses du présent pour envisager l'avenir avec confiance.

Messieurs, je le dis avec orgueil, sur le terrain de la science, la France peut soutenir la rivalité avec le monde entier ; et, malgré l'affaiblissement du niveau de l'esprit public que j'ai dû constater tout à l'heure, il est constamment, grâce au ciel, resté dans notre pays une élite d'hommes qui, tous les jours, ont reculé les limites de la science, qui, tous les jours, ont avancé les progrès de l'esprit humain ; et c'est par là que la France, quels que soient, quels qu'aient été les désastres qui ont accablé le pays, reste le guide du monde. (Sensation.)
Savez-vous ce qu'on disait, pendant la guerre, à l'étranger ? « Il n'y a plus de livres ! » Et, en effet, tout entière occupée à sa défense, la France ne produisait plus rien pour l'intelligence des peuples. (Mouvement.)

Mais, messieurs, ce que je demande, c'est que de la science sortent des livres, des bibliothèques, des académies et des instituts ; je demande que ceux qui la détiennent la prodiguent à ceux qui en ont besoin ; je veux que la science descende sur la place publique, qu'elle soit donnée dans les plus humbles écoles.

Oui, faisons appel aux savants ; qu'ils prennent l'initiative : c'est eux qui doivent hâter le plus puissamment notre restauration morale et nationale. Mais si nous voulons que la régénération soit rapide, il faut ne plus se défier des intelligences à peine éveillées ; il faut ne point craindre de distribuer dans les colléges et dans les écoles toute la vérité. Il faut résolûment savoir et résolûment pratiquer que ce sont les vérités supérieures de la science et de la raison qui saisissent le mieux les jeunes intelligences ; et c'est pour cela qu'un des grands penseurs de ce siècle, Auguste Comte, faisait commencer l'instruction par les sciences exactes. Il a été fait des expériences nombreuses à cet égard, qui ont donné toujours le même résultat, à savoir que les intelligences les plus jeunes ont toujours le mieux recueilli les enseignements même les plus élevés qui s'offraient à elle : elles n'étaient pas encore faussées par des habitudes de paresse ou d'erreur !

Mais vous comprenez que ce n'est pas ici que nous allons discuter un programme d'éducation. J'ai dit ce que je tenais surtout à dire devant vous, parce que ces questions nous ont un instant arraché aux difficultés et aux amertumes de la situation présente. Je voulais vous entretenir de l'avenir. J'ai la conviction que le parti démocratique, ayant la sagesse et la résolution de ne pas demander autre chose, mais de l'exiger infatigablement, arriverait bientôt à montrer au paysan, qui le considère comme hostile, qu'il est son plus sincère ami ; oui, nous arriverions vite à lui faire comprendre et retenir que nous avons conscience de nos devoirs envers lui. Nous sommes des frères aînés, et nous serions des frères ingrats si nous quittions la vie sans avoir assuré son émancipation matérielle et morale. (Vifs applaudissements.)

Messieurs, ces idées ne m'appartiennent point. Elles sont familières à tous les penseurs, à tous les patriotes. Le propre de la politique est de s'emparer de ces idées essentiellement justes et de les fixer dans les lois. Oh ! les politiques qui inventeraient, qui auraient la prétention de faire des choses inopinées, imprévues, ne seraient pas des politiques ! Qu'il y a d'années que l'ignorance est combattue : et qu'elle est encore épaisse et terrible ! Nous offrons au monde ce spectacle d'avoir été le peuple qui a le premier revendiqué les droits de la raison, et d'être encore réduits à ne les point pratiquer et enseigner pour notre propre compte. (Vive sensation.)

Nous ne pouvons cependant rester plus longtemps insensibles à ce qui s'accomplit sous nos yeux, et ne pas avouer que toutes nos crises sociales viennent de l'ignorance. Comment admettre que des hommes qui ne connaissent la société que par le côté qui les irrite, que par la peine et que par le travail, un travail sans lucre suffisant, sans récompense légitime, ne s'aigrissent pas dans les misères, et n'apparaissent pas à un jour donné sur la place publique avec des passions effroyables ? Aussi, je déclare qu'il n'y aura de paix, de repos et d'ordre qu'alors que toutes les classes sociales auront été amenées à la participation des bienfaits de la civilisation et de la science, et considéreront leur gouvernement comme une émanation légitime de leur souveraineté et non plus comme un maître jaloux et avide. Jusquelà, en persévérant dans la voie funeste où nous sommes, vous ferez des ignorants, tantôt les soutiens des coups d'Etat, et tantôt les auxiliaires des violences de la rue, et nous resterons exposés aux fureurs impies de multitudes inconscientes et égarées, portant la main sur tout ce qui les environne, sans respect même pour les choses de leur tradition, parce qu'elles ne peuvent arriver à la satisfaction d'appétits impossibles, et qui cherchent à se venger en accumulant les ruines. Alors, il est bon de se rappeler le mot de l'Américain Channing : « Les sociétés sont responsables des catastrophes qui éclatent dans leur sein, comme les villes mal administrées où on laisse pourrir les

charognes au soleil sont responsables de la peste. » (Mouvement.)

Eh bien ! c'est mon sentiment.

Il faut, par conséquent, que l'homme politique, dans l'accom-
plissement de sa tâche, s'attaque vivement à celui de tous nos
maux qui engendre les autres, à l'ignorance, sans laquelle il
serait établi qu'il n'existe pas de gouvernement qui convienne
plus à la nature, à la dignité, au bonheur de l'homme, que la
République. Et quant à l'erreur politique chez le paysan, elle
a la même origine que celle de l'ouvrier : toujours l'ignorance.
Qu'est-ce qui fait que le paysan est comme incliné aujourd'hui,
par exemple, vers le parti bonapartiste ? Et pourquoi, aujour-
d'hui que la lutte est ouverte entre les partis monarchiques,
voit-on les partis bourboniens se tourner vers les paysans, dé-
guiser leur monarchie et leurs prétendants, tandis que les autres
ne craignent pas d'accuser qu'ils veulent le retour de l'empereur ? Cela tient, je crois, messieurs, à un état mental particu-
lier au paysan. On lui a dit, on lui a répété que sa propriété
avait été instituée et maintenue par Napoléon. Le paysan n'est
pas un homme à fines nuances, à fines distinctions ; il mêle et
confond Bonaparte et la Révolution ; il n'a pas l'esprit de dis-
tinction et de critique ; mais il a la perception des gros résul-
tats, et il sait que cette terre, que son grand-père avait acquise,
il l'a gardée sous Napoléon Ier, et qu'à la suite de l'invasion on
a menacé cette terre, pour la défense de laquelle, sous la République, il a versé héroïquement son sang, sauvant du même
coup son bien et la patrie.

Le paysan sait ces choses. Il voit même, toutes les fois que
la Restauration, l'ancien régime reparaît, que la Restauration
menace sinon la détention immédiate de la terre, du moins son
morcellement. Il y a quelques jours à peine — et nous ne sommes
pas encore sous les fleurs de lis — une proposition a été introduite
à l'Assemblée pour rétablir le droit d'aînesse et ses conséquen-

ces. Vous pouvez être certains que le paysan, qui est à l'affût, a parfaitement reconnu l'ennemi impitoyable et traditionnel, et qu'il sait non moins parfaitement qu'il n'a rien de bon à attendre de pareils restaurateurs et de pareils sauveurs de sociétés.

D'un autre côté, grâce à une équivoque et à une altération perfide des principes de la Révolution, Bonaparte lui apparaît comme le protecteur naturel de ses intérêts. C'est ainsi, je vous le disais tout à l'heure, qu'il attribue à Napoléon le Code civil, qui est le bouclier, l'arche sainte où il a trouvé la garantie de son domaine.

Il n'est pas loin de croire, sinon de dire, avec Mme de Staël, que Napoléon c'est « Robespierre à cheval ! » Eh bien ! il faut démonter ce cavalier. Il ne faut pas permettre à Napoléon, ni dans son passé, ni dans sa descendance, de bénéficier de cette admirable conquête du sol que nous devons à la Révolution. Il faut rompre cette tradition ; prouvons, au contraire, au paysan que c'est à la démocratie, à la République, que c'est à nos devanciers qu'il doit non-seulement la terre, mais le droit ; que par la Révolution seule, il est devenu propriétaire et citoyen. Son esprit ne s'élève pas encore au-dessus de la propriété matérielle, qui doit devenir le moyen de son progrès moral. La Révolution et la justice ne séparent pas ces deux progrès.

Il faut que cette propriété qu'il possède soit moralisatrice ; qu'à l'aide de cette indépendance acquise par le travail et la possession, il puisse arriver à une autre indépendance : l'indépendance de l'esprit. La société le lui doit ; et alors, quand il saura d'où lui vient son accroissement de bien-être et de dignité, il pourra être visité et fréquenté par les gens qui veulent créer de lourds impôts, fonder des majorats et rétablir des noblesses : il ne se laissera plus ni séduire ni tenter.

Présentons-nous donc à lui comme ayant subi sans amertume les coups qu'il nous a portés, l'aimant dans la bonne comme dans la mauvaise fortune, soucieux de son avenir, soucieux de son bien-être. (Très bien ! très bien !)

Aussi bien, pour ma part, je ne me défie nullement de ce qu'on a appelé l'antagonisme des villes et des campagnes. Et vous le voyez bien, puisque, loin de croire à la prétendue perpétuité de cet antagonisme, je ne m'attache jamais dans mon esprit qu'à le faire disparaître. Je dis qu'il n'existe pas d'hostilité, ni d'antagonisme ; il existe seulement des hommes qui exploitent l'ignorance de ceux-ci et les passions de ceux-là. L'antagonisme, il est la création des partis dynastiques, il est une invention, une spéculation de nos ennemis ; l'antagonisme, il disparaîtra devant une opération d'arithmétique loyalement faite. Il suffirait qu'à côté du dénombrement électoral on voulût faire la place des personnalités urbaines, et leur assurer leur juste part d'influence et de représentation.

Nous pourrions rentrer ici dans l'examen du programme de la décentralisation. Et quoique la question soit brûlante, elle pourrait être traitée sans inconvénient et avec modération par des esprits qui savent toujours s'élever et maintenir les principes au-dessus des excès des hommes ; mais pour aujourd'hui, je crois avoir suffisamment indiqué la tâche à poursuivre par le parti républicain, soit dans les Assemblées, soit dans la presse, soit dans les réunions publiques et privées, par les correspondances et les livres, par tous ces mille moyens de propagande et d'éducation qui sont ouverts, dans un pays libre, à la libre initiative des citoyens.

Je voudrais, dis-je, pour me résumer, que notre opposition fût une opposition de gouvernement ; je voudrais n'y apporter d'autre préoccupation que celle de faire le bien ou de forcer les autres à le faire (Bruyants applaudissements.) ; car je connais une passion plus vive que celle d'exercer le pouvoir : c'est de surveiller avec équité, avec fermeté, avec bon sens, un pouvoir loyal (Applaudissements.), et sous la simple pression des idées et de l'esprit public, de voir accomplir par d'autres mains que les siennes les réformes les plus éclatantes. (Applaudissements.)

Quant à moi, je m'emploierais parfaitement, je l'avoue, à cette tâche, sous un état politique dans lequel la République serait acceptée comme le gouvernement de droit; car, contre le droit, il ne saurait surgir que des prétentions illégitimes, et il ne peut pas se faire qu'on nous oppose, pour l'abattre et le fouler aux pieds, ni un consentement surpris à l'ignorance et à la faiblesse, ni un coup d'Etat de prince, ni un complot de la rue.

C'est en ce sens qu'on a pu dire du droit républicain qu'il est au-dessus des attentats de la force et des caprices de la multitude. Si la République est le gouvernement de droit par excellence, est-ce que tous les partis ne peuvent pas s'y donner rendez-vous? Est-ce que ce n'est pas le seul gouvernement où l'accès du pouvoir soit ouvert à tous ceux qui, sous l'œil de l'opinion publique, ont le mieux affirmé leurs talents et leurs vertus? (Applaudissements.) Et dès lors, est-ce que nous ne pouvons pas nous tourner vers ceux qui ont professé des opinions contraires à la République, et leur dire : Ah ! vous voulez gouverner la République, vous voulez la fonder, eh bien ! nous ne vous demandons qu'une chose, c'est d'abord de la reconnaître. Mais une fois que vous l'aurez reconnue, nous admettrons parfaitement votre passage aux affaires. Car nous voulons présenter au pays ce spectacle de républicains de naissance qui restent dans l'opposition, en face de monarchistes convertis, et forcés, par la cohésion du parti républicain et la légitimité de la République, d'accomplir les réformes qu'elle demande. (Applaudissements.)

Ce ne serait pas là, Messieurs, un médiocre triomphe, et, dans tous les cas, la chose, puisque nous en sommes aux essais, mérite d'être tentée. Le jour où on entrerait dans cette méthode politique, la République ne serait pas en péril, même avec des hommes qui ne lui auraient pas toujours été dans leur passé des amants bien fidèles.

Mais il faut pour cela que le parti républicain soit d'une absolue sévérité sur les principes; et nous le déclarons ici : oui, nous serons indulgents pour les personnes; oui, nous nous montrerons faciles à ouvrir la porte, mais nous demeurerons implacables sur les principes. Nous admettrons que des hommes se trouvent éclairés; nous admettrons que d'autres, sans être encore tout à fait convaincus, mais à cause des nécessités d'une situation sociale exceptionnelle, acceptent de bonne foi les conséquences du principe de la République. Sur le devoir seul nous ne transigerons point.

Toutes ces choses sont possibles, si toutes ces choses sont loyalement pratiquées. Je dis seulement qu'en pareille matière il ne faut pas s'en tenir aux déclarations; et au jour et à l'heure où la contradiction se produit entre les actes du pouvoir et ses déclarations publiques, il faut la relever et en faire le pays juge.

Si on fait cette garde sévère autour des institutions, soyez convaincus que nous maintiendrons la République beaucoup mieux avec une minorité républicaine ferme, énergique, vigilante sur les actes de la majorité, qu'avec une majorité d'hommes inconsistants et tièdes, qui serait exclusive des personnes, et facile aux compromis sur les principes.

Après cette première ligne de conduite, je voudrais qu'on démontrât, par les raisons que j'indiquais tout à l'heure, au pays tout entier, qu'on lui démontrât qu'il n'y a pas possibilité de tenter aujourd'hui autre chose, en fait de réforme, que l'éducation et l'armement national.

En voyant accomplir cette double réforme : élever et armer la nation, je prendrai patience de ne pas voir légiférer sur d'importantes questions qui peuvent attendre, qui ne sont que des questions latérales, subordonnées à la réalisation de ces premières et capitales nécessités.

Il s'agit de refaire le sang, les os, la moelle de la France, entendez-le bien. Il faut tout donner, le temps et l'argent, à cet intérêt suprême. Le peuple, soyez-en sûrs, ne marchandera pas les millions pour l'éducation de ceux qui souffrent et qui ignorent ; il les marchanderait pour ceux dont les desseins ne tendent jamais qu'aux restaurations monarchiques, aux dépenses fastueuses et à l'écrasement du pays ; et, en passant, voilà, messieurs, une des raisons qui démontrent qu'il n'est plus possible de relever la monarchie parmi nous : nous ne sommes plus assez riches pour la payer. (Très-vifs applaudissements.)

En conséquence, nous aurions résolu, par là, le plus vital de tous les problèmes, que je résume ainsi : égaliser les classes, dissiper le prétendu antagonisme entre les villes et les campagnes, supprimer le parasitisme, et, par la diffusion de la science pour tous, rendre au pays sa vigueur morale et politique.

Et ainsi vous mettriez à une double caisse d'assurances : l'une, contre les crimes de droit commun, par l'élévation du niveau de la moralité ; l'autre, contre les risques de révolution, en donnant satisfaction et sécurité aux droits acquis des uns, aux aspirations légitimes des autres. (Applaudissements.)

Tel est le programme à la fois radical et conservateur que la République seule peut accomplir. Et alors, dans le monde entier, les amis de la France pourront se rassurer : elle sortira régénérée de ces grandes épreuves, et, sous les coups mêmes de la mauvaise fortune, elle apparaîtra plus grande, plus prospère, plus fière que jamais. (Triple salve d'applaudissements.)

L'Assemblée se sépare aux cris de : Vive la République!

Paris, imprimerie Paul Dupont rue J.-J.-Rousseau 41, (1865.6.71)